DES RECETTES CANADIENNES POUR VOUS ET TOUTE VOTRE FAMILLE

DES RECETTES CANADIENNES POUR VOUS ET TOUTE VOTRE FAMILLE.

Par : Michelle Lee

Version 1.1 mars 2022

Publié par Michelle Lee sur KDP

Copyright ©2022 par Michelle Lee. Tous droits réservés.

Aucune partie de cette publication ne peut être reproduite, distribuée ou transmise sous quelque forme ou par quelque moyen que ce soit, y compris la photocopie, l'enregistrement ou d'autres méthodes électroniques ou mécaniques ou par tout système de stockage ou de récupération de l'information, sans l'autorisation écrite préalable des éditeurs, sauf dans le cas de très brèves citations incorporées dans des critiques et de certaines autres utilisations non commerciales autorisées par la loi sur le droit d'auteur.

Tous droits réservés, y compris le droit de reproduction totale ou partielle sous quelque forme que ce soit.

Toutes les informations contenues dans ce livre ont été soigneusement recherchées et vérifiées quant à leur exactitude factuelle. Cependant, l'auteur et l'éditeur ne garantissent pas, de manière expresse ou implicite, que les informations contenues dans ce livre conviennent à chaque individu, situation ou objectif et n'assument aucune responsabilité en cas d'erreurs ou d'omissions.

Le lecteur assume le risque et l'entière responsabilité de toutes ses actions. L'auteur ne sera pas tenu responsable des pertes ou des dommages, qu'ils soient consécutifs, accidentels, spéciaux ou autres, qui pourraient résulter des informations présentées dans ce livre.

Toutes les images sont libres d'utilisation ou achetées sur des sites de photos de stock ou libres de droits pour une utilisation commerciale. Pour ce livre, je me suis appuyé sur mes propres observations ainsi que sur de nombreuses sources différentes, et j'ai fait de mon mieux pour vérifier les faits et accorder le crédit qui leur est dû. Dans le cas où du matériel serait utilisé sans autorisation, veuillez me contacter afin que l'oubli soit corrigé.

Bien que l'éditeur et l'auteur aient fait tout leur possible pour s'assurer que les informations contenues dans ce livre étaient correctes au moment de l'impression et bien que cette publication soit conçue pour fournir des informations précises sur le sujet traité, l'éditeur et l'auteur n'assument aucune responsabilité pour les erreurs, inexactitudes, omissions ou autres incohérences contenues dans ce livre et déclinent toute responsabilité envers toute partie pour toute perte, tout dommage ou toute perturbation causés par des erreurs ou des omissions, que ces erreurs ou omissions résultent d'une négligence, d'un accident ou de toute autre cause.

Cette publication est conçue comme une source d'informations précieuses pour le lecteur, mais elle n'est pas destinée à remplacer l'assistance directe d'un expert. Si un tel niveau d'assistance est requis, il convient de faire appel aux services d'un professionnel compétent.

Contenu.

- ROULEAUX DE CANNEBERGE. 5
- BOULETTES D'HAMBURGER. 7
- NUGGETS DE POULET CROUSTILLANTS. 8
- CREVETTES BBQ EN SAUCE MIEL ET MOUTARDE. 9
- SANDWICH CAPRESE BACON CIABATTA. 10
- MUFFINS AU FROMAGE FRAIS. 12
- SANDWICH DU CLUB. 13
- PORC TIRÉ, RÔTI DE PORC TENDRE SORTANT DU FOUR. 14
- BOMBE DE BACON FUMÉ REMPLIE DE FROMAGE ET DE CHAMPIGNONS. 16
- PAIN AU CHOCOLAT ET AUX BANANES AVEC DU YAOURT. 18
- BISCUITS AUX CANNEBERGES ET AU CHOCOLAT BLANC. 20
- SANDWICH AU FROMAGE GRILLÉ AVEC ŒUF FRIT ET BACON. 21
- LAITUE ICEBERG AVEC UNE DIFFÉRENCE - SALADE EN QUARTIERS. 22
- GÂTEAU AU FROMAGE. 24
- SALADE DE CHOUX CANADIENNE. 26
- BROWNIES AUX COURGETTES. 27
- FABULEUX PAIN PERDU À LA DENNY'S. 29
- PAIN AUX BANANES JUTEUX. 30
- SOUFFLÉS DE POMMES DE TERRE AVEC DIP - BISCUITS DE POMMES DE TERRE CROUSTILLANTS ET CRÉMEUX. 31
- PATTES DE BURGER. 33
- PIZZA À LA POÊLE AVEC CROÛTE DE FROMAGE. 34
- HOT DOGS CUITS. 36
- CRÊPES AUX BANANES. 38
- RAGOÛT DE HARICOTS À LA CANADIENNE. 39
- PAIN À L'AIL À LA PIZZA HUT. 41
- SALADE AVEC POMMES DE TERRE FRITES. 42
- PASTA DE SAUSAGE. 43
- MUFFINS AU SIROP D'ÉRABLE AVEC DES CRUMBLES D'AVOINE. 44
- SALADE CÉSAR. 46
- CREVETTES EN SAUCE À L'AIL. 47
- SALADE DE THON AVEC POMMES ET CÉLERI. 48
- BISCUITS BRETZEL AU CHOCOLAT SALÉ ET AU BEURRE DE CACAHUÈTE. 49

- **PAIN À LA BANANE.** 51
- **PAIN AUX RAISINS AVEC STRUDEL À LA CANNELLE.** 52
- **WEDGES.** 54
- **POMME DE TERRE - POTIRON - QUARTIERS.** 55
- **PARMESAN - LANIÈRES DE POULET.** 56
- **CREVETTE ÉPICÉE.** 57
- **TARTE CROQUANTE AU MIEL.** 59
- **ENCHILADAS DE POULET.** 60
- **SALADE DE CÔTELETTES DE LA JUNGLE.** 61
- **ROULEAUX DE BROWNIE.** 63
- **TARTE AUX MYRTILLES.** 65
- **CASSEROLE POUR PETIT-DÉJEUNER.** 67
- **GÂTEAU AU FROMAGE AU CITRON ET À LA NOIX DE COCO.** 68
- **GÂTEAU AU CHOCOLAT ET AUX COURGETTES.** 71
- **JAMBALAYA AUX CREVETTES ET AU POULET.** 73
- **REDFISH.** 74
- **SALADE DE DINDE CAJUN ÉPICÉE.** 75
- **MUFFINS AU NUTELLA.** 77
- **DESSERT À LA FRAISE AVEC MILKMAID.** 78
- **SALADE D'ÉPINARDS AVEC POIRE ET FROMAGE BLEU.** 79

ROULEAUX DE CANNEBERGE.

INGRÉDIENTS POUR 1 PORTION.

Pour la pâte:

- 2 paquet de poudre custard
- 100 ml d'eau
- 500 ml de lait
- 5 cuillères à soupe de sucre
- 120 g de beurre
- 2 paquets de levure sèche
- 2 oeufs
- 1 cuillère à café de sel
- 800 g de farine.

Pour la peinture:

- 200 g de beurre liquide
- 300 g de sucre roux
- 5 cuillères à café de cannelle en poudre.

Pour le glaçage:

- 250 g de sucre en poudre
- 250 g de fromage frais
- 120 g de beurre
- 2 paquets de sucre vanillé.

PRÉPARATION

Temps total environ 3 heures 50 minutes.

1. Faites bouillir le lait, mélangez la poudre de pudding avec de l'eau froide, et incorporez-la au lait bouillant. Faire cuire brièvement jusqu'à ce que le pudding ait épaissi, en remuant constamment. Retirer du feu, incorporer le beurre jusqu'à ce qu'il soit fondu, incorporer le sucre et les œufs. Lorsque le mélange est encore chaud au toucher, incorporer la levure sèche. Mélanger le sel et la farine, ajouter la masse de pudding et travailler pour obtenir une pâte molle et légèrement collante (il est préférable d'utiliser le crochet d'un batteur, la pâte doit être plus humide que la pâte à levure "normale"). Laissez la pâte lever. Laissez-la lever jusqu'à ce que la pâte ait doublé de volume (1 à 2 heures).
2. Divisez la pâte en deux et étalez-la sur une surface bien farinée. Badigeonner de la moitié du beurre fondu et saupoudrer de la moitié de la cannelle et de la cassonade. Roulez-la bien serrée et coupez-la en morceaux d'environ 4 cm de large. Faites de même avec le reste de la pâte. Placez les roulés à la cannelle à une certaine distance les uns des autres (idéalement décalés sur le côté) sur une plaque de cuisson recouverte de papier sulfurisé et laissez-les lever pendant 30 minutes supplémentaires. Il est important qu'ils ne soient pas trop proches les uns des autres mais qu'ils se touchent encore très légèrement après la dernière marche. Faites cuire au four à 200° pendant environ 20 minutes, sans que cela devienne trop foncé.
3. Pour le glaçage, mélangez tous les ingrédients pour obtenir une masse crémeuse et étalez-la sur les roulés à la cannelle encore chauds.

BOULETTES D'HAMBURGER.

INGRÉDIENTS POUR 8 PORTIONS.

- ✓ 170 ml d'eau, chaude
- ✓ 1 cuillère à soupe de levure sèche
- ✓ 40 g de beurre
- ✓ 1 œuf
- ✓ 435 g de farine
- ✓ 40 g de sucre
- ✓ 1 cuillère à café de sel
- ✓ 1 protéine.

PRÉPARATION

Temps total environ 2 heures 25 minutes.

1. Placez la levure sèche, le beurre, l'oeuf, le sucre, le sel et la farine dans un bol. Ajoutez lentement l'eau, d'abord 150 ml seulement, puis le reste si nécessaire. Vous n'aurez peut-être pas besoin de toute l'eau. En revanche, il se peut que vous ayez besoin d'un peu plus d'eau que prévu pour faire la pâte. Couvrez la boule de pâte et laissez-la lever dans un endroit chaud pendant 1 heure.
2. Placez la pâte sur un plan de travail fariné et pétrissez-la pour permettre à l'air de s'échapper.
3. Formez 8 boules de la même taille et placez-les sur une plaque de cuisson recouverte de papier sulfurisé, en les espaçant légèrement. Les boules doivent avoir une surface lisse et sans coutures. Sinon, elles se déchireront pendant la cuisson. Aplatissez un peu les boules avec votre main et laissez-les lever à nouveau, couvertes, pendant 1 heure.
4. Mélangez le blanc d'œuf avec 1 cuillère à soupe d'eau et badigeonnez-en les ébauches de pâte.
5. Faites cuire au four à 185°C en haut/bas pendant environ 12-17 minutes jusqu'à ce qu'ils aient légèrement coloré.
6. Laissez les brioches refroidir sur une grille. Décorez comme vous le souhaitez.

NUGGETS DE POULET CROUSTILLANTS.

INGRÉDIENTS POUR 4 PORTIONS.

- ✓ 1 kg de filet de poulet (nature, non assaisonné)
- ✓ 5 tasses de Cornflakes, non sucrés !
- ✓ 2 oeufs
- ✓ Sel et poivre
- ✓ 1 cuillère à café de paprika en poudre, doux
- ✓ 2 tasses de farine
- ✓ Huile.

PRÉPARATION

Temps total environ 30 minutes.

1. Tout d'abord, préparez la panure. Pour ce faire, mettez les cornflakes non sucrés dans un sac de congélation et écrasez-les avec un rouleau à pâtisserie. Les cornflakes sont ensuite responsables de la croûte super croustillante. Fouettez les œufs avec le paprika, le sel et le poivre. 2.
2. Coupez le blanc de poulet en petits morceaux et roulez-les dans la farine, en tapant sur l'excédent de farine. Tremper les morceaux de viande dans le mélange d'œufs, puis dans la panure de cornflakes.
3. Faites frire les nuggets de poulet panés dans une quantité suffisante d'huile végétale dans la poêle jusqu'à ce qu'ils soient dorés de tous les côtés. Ils ont besoin d'environ 2 à 3 minutes de chaque côté, et ils sont alors cuits.
4. Ils sont meilleurs avec une salade fraîche. Ils peuvent être mangés chauds ou froids.

CREVETTES BBQ EN SAUCE MIEL ET MOUTARDE.

INGRÉDIENTS POUR 2 PORTIONS.

- ✓ 500 g de crevettes royales
- ✓ 4 cuillères à soupe de sirop d'érable (alternative : miel)
- ✓ 1 c. à soupe de moutarde, moyennement forte
- ✓ 1 cuillère à soupe de concentré de tomates
- ✓ 2 cuillères à soupe de sauce soja
- ✓ 1 cuillère à café de poudre de chili tamisée
- ✓ 1 cuillère à café d'origan
- ✓ 1 cuillère à café, tamisée Paprika en poudre, doux
- ✓ 2 cuillères à café, filtrées, de poudre d'ail
- ✓ 1 cuillère à soupe d'huile
- ✓ 1 cuillère à soupe de vinaigre ou de vinaigre balsamique
- ✓ Sel et poivre.

PRÉPARATION

Temps total environ 10 minutes.

1. Lavez les crevettes. Mélangez tous les autres ingrédients, remuez jusqu'à ce que le mélange soit homogène et laissez mijoter les crevettes crues pendant environ 30 minutes.
2. 2.   Mettez ensuite les crevettes et la marinade dans une poêle chaude et faites-les cuire pendant environ 15 minutes à feu vif ou faites-les griller des deux côtés sur une brochette.
3. 3.   Servir avec du riz, de la baguette, des pâtes ou avec une salade.

SANDWICH CAPRESE BACON CIABATTA.

INGRÉDIENTS POUR 4 PORTIONS.

- 1 Ciabatta, entière.

En outre:

- 2 tomates
- 1 pincée de sel.

Pour l'arrosage:

- 1 cuillère à soupe d'huile d'olive
- 1 cuillère à soupe de vinaigre balsamique.

Pour la peinture:

- 3 cuillères à soupe de mayonnaise
- 2 cuillères à café de jus de citron
- 1 gousse d'ail
- 1 goutte de Tabasco
- 8 feuilles de basilic.

Pour prouver:

- 8 tranche de bacon
- 4 feuilles de laitue romaine
- 2 boules de mozzarella, tranchées
- 2 feuilles de basilic.

PRÉPARATION

Temps total environ 47 minutes.

1. Lavez les tomates. Coupez les tomates en tranches, et salez. Laissez le sel pendant 15 minutes, puis pressez soigneusement l'excès de liquide.
2. Mélangez l'huile et le vinaigre dans un petit bol et mettez de côté. Couper le pain ciabatta dans le sens de la longueur et retirer une partie de la pâte à l'intérieur.
3. Réduire en purée les 8 feuilles de basilic avec la mayonnaise, l'ail, le tabasco, un peu de sel et le jus de citron pour obtenir une masse lisse.
4. Étaler la mayonnaise sur les deux côtés du pain ciabatta et recouvrir de laitue.
5. Faire frire le bacon dans une poêle jusqu'à ce qu'il soit croustillant, l'émietter et le répartir sur la salade.
6. Recouvrez ensuite la salade de tomates et de mozzarella et arrosez-la de vinaigre balsamique à l'huile d'olive. Déchirer et saupoudrer les 2 feuilles de basilic restantes et recouvrir de la ciabatta.
7. Couper le pain en tranches et servir.

MUFFINS AU FROMAGE FRAIS.

INGRÉDIENTS POUR 15 PORTIONS.

- ✓ 4 œufs
- ✓ 250 g de sucre
- ✓ 1 gousse de vanille
- ✓ 200 g de fromage à la crème, mascarpone ou Philadelphia
- ✓ 325 g de farine
- ✓ 1 paquet de levure chimique
- ✓ 125 g de beurre, fondu
- ✓ 250 g de framboises.

PRÉPARATION

Temps total environ 10 minutes.

1. À l'aide d'un batteur, battre les œufs avec le sucre et la gousse de vanille grattée jusqu'à ce que le mélange soit mousseux. Ajouter le fromage frais et bien mélanger. Dans un second bol, mélanger la farine et la levure chimique.
2. Mélangez brièvement les ingrédients secs aux ingrédients humides de façon à ce que ces derniers soient tout juste humidifiés. Ajoutez le beurre fondu et les framboises, mélangez, remplissez les moules et faites cuire pendant 20 minutes à 180°C.
3. Si vous utilisez des framboises surgelées, vous pouvez les congeler dans la pâte. Le temps de cuisson ne change pas.

SANDWICH DU CLUB.

INGRÉDIENTS POUR 4 PORTIONS.

- ✓ 12 tranches de poitrine de poulet (moins pour les grandes tranches)
- ✓ 12 tranches de bacon pour petit-déjeuner
- ✓ 4 Œufs durs
- ✓ 2 tomates
- ✓ 8 Feuilles de laitue, vertes
- ✓ 100 g de mayonnaise
- ✓ 1 cuillère à soupe de moutarde
- ✓ 12 tranches de pain grillé
- ✓ Sel et poivre.

PRÉPARATION

Temps total environ 25 minutes.

1. Mélangez la mayonnaise avec la moutarde. Assaisonnez avec du poivre et du sel. Couper les feuilles de laitue en petites lanières et les mélanger avec la mayonnaise.
2. Faites griller les tranches de pain grillé. Trois tranches ensemble forment un sandwich. Couvrez donc 8 tranches avec le mélange de salade et répartissez les tranches de blanc de poulet sur 4 d'entre elles. Placez les 4 autres tranches sur le dessus, côté laitue vers le haut.
3. Coupez les tomates et les œufs durs en tranches et placez-les sur les sandwichs. Faites frire le bacon dans une poêle sans utiliser de matière grasse. Faites-le frire jusqu'à ce qu'il soit croustillant et placez-le enfin sur les sandwichs. Poivrer à nouveau et placer les 4 tranches de pain grillé restantes sur le dessus.
4. Coupez les sandwichs en diagonale et servez.

PORC TIRÉ, RÔTI DE PORC TENDRE SORTANT DU FOUR.

INGRÉDIENTS POUR 6 PORTIONS.

- ✓ 2½ kg de cou de porc, non coupé mais désossé
- ✓ 250ml de jus de pomme ou d'ananas
- ✓ 150ml Bouillon de légumes, doublement concentré
- ✓ 3 cuillères à soupe de sucre brun, le blanc convient également
- ✓ 4 cuillères à soupe d'assaisonnement pour grillades de votre choix
- ✓ 6 rouleaux
- ✓ Sauce barbecue
- ✓ Mélange de cornichons du bocal
- ✓ Oignon, tranché en rondelles
- ✓ Laitue.

PRÉPARATION

Temps total environ 1 jour 7 heures 30 minutes.

1. Tout d'abord, quelques remarques sur le temps de cuisson spécifié de 6 heures :
2. Quelques degrés de différence jouent un rôle majeur dans cette recette. Tous les fours n'atteignent pas exactement la température programmée. Vous pouvez le vérifier avec un thermomètre à four (qui n'est parfois pas exact).
3. De même, ouvrir trop souvent la porte du four peut rapidement ajouter une heure ou deux au temps de cuisson.
4. Vous devez donc prévoir jusqu'à 12 heures de cuisson. Le maintien au chaud n'est pas un problème. Cela ne fait que s'améliorer.
5. Dans tous les cas, vous devez travailler avec un thermomètre à viande pour vérifier si la température à cœur de 90 à 95 °C est atteinte.
6. Pour les morceaux à l'os, le temps de cuisson passera certainement à 10 ou 12 heures.
7. Préparation :
8. La veille, mélanger le mélange d'épices à griller avec 1 à 2 cuillères à soupe de sucre. Le goût doit être sucré.
9. Frottez bien le rôti avec ce mélange. Important : là où la viande présente des bosses et des fissures dues au grain, faites bien pénétrer l'assaisonnement. Plus il sera à l'intérieur, plus le rôti aura de saveur par la suite. Placez ensuite le rôti dans un sac de congélation. Expulsez tout l'air.
10. Le jour de la préparation, préchauffez le four à 110 - 130 °C en haut/en bas, selon le temps dont vous disposez.
11. Sortez le rôti du réfrigérateur 1 heure avant de commencer. Il doit être à température ambiante.
12. Mélangez le jus de fruits, 1 à 2 cuillères à soupe de sucre et le bouillon (beaucoup de bouillon en poudre et un peu d'eau). Retirez le rôti de son emballage et versez ce qu'il contient dans le mélange de jus de fruits. Si vous avez une seringue pour le rôti, faites-en un peu plus et "inoculez" le rôti avec, cela le rendra beaucoup plus épicé et juteux.
13. Versez ce mélange dans un plat allant au four et placez-le sous le rôti dans le four. Insérez un thermomètre à viande au milieu du rôti. Placez le rôti sur la grille du grill au-dessus du bol avec le mélange de jus de fruits, pas trop haut, plutôt au fond du four.
14. Vérifiez de temps en temps s'il reste du liquide dans le bol. Si ce n'est pas le cas, ajoutez simplement de l'eau, du jus ou du bouillon, selon votre goût. Après 3 à 4 heures, le rôti devrait déjà avoir une température à cœur d'environ 70 °C. À partir de ce moment-là, vous devez brosser ou verser de temps en temps le liquide qui se trouve en dessous.

BOMBE DE BACON FUMÉ REMPLIE DE FROMAGE ET DE CHAMPIGNONS.

INGRÉDIENTS POUR 4 PORTIONS.

- ✓ 500g de viande de bœuf hachée
- ✓ 3 cuillères à soupe de ketchup
- ✓ 2 oeufs
- ✓ 1 oignon
- ✓ 1 petit pain de la veille
- ✓ 200 g de bacon
- ✓ 200 g de fromage râpé
- ✓ 1 boîte de champignons.

PRÉPARATION

Temps total environ 2 heures.

1. Vous avez besoin de copeaux d'hickory que vous faites tremper dans l'eau pendant au moins 30 minutes au préalable pour qu'ils fument bien.
2. Mélangez la viande hachée avec l'oignon coupé en très petits dés, le ketchup, les épices, le petit pain trempé et pressé, et les deux œufs.
3. Disposez un morceau de film alimentaire d'environ DIN A3 sur la table et déposez-y la pâte à viande. Recouvrez-la d'une feuille d'aluminium et étalez-la avec un rouleau à pâtisserie. Retirez le film supérieur. Répartissez la moitié du fromage au milieu, en bandes d'un bord à l'autre, puis les champignons égouttés, et enfin le reste du fromage. Formez un pain avec le bœuf haché à l'aide de la feuille d'aluminium. Le fromage ne doit alors plus être visible.
4. Superposer le bacon sur le pain de bœuf haché.
5. Chauffez le gril à environ 120°C et mettez-y les copeaux de bois. Il doit fumer joliment. Chauffez indirectement par le côté et placez une lèchefrite avec 1 à 2 cm d'eau sous la bombe. Cela permet d'éviter un dessèchement par des températures trop élevées et de récupérer les éventuelles gouttes de la bombe. Huilez un peu la grille du gril, posez-y la bombe à bacon et fermez le couvercle du gril.
6. Faites cuire pendant 90 minutes, selon le degré de brunissement que vous souhaitez. Vérifiez la température et le niveau d'eau dans le bol toutes les 15-20 minutes et ajoutez des copeaux de bois si nécessaire.
7. Le bord rose qui entoure la viande est ce qu'on appelle l'anneau de fumée et en fait partie. La viande est cuite à 100 % et a bon goût.

PAIN AU CHOCOLAT ET AUX BANANES AVEC DU YAOURT.

INGRÉDIENTS POUR 1 PORTION.

- ✓ 3 Banane, très mûre
- ✓ 60 g de beurre mou
- ✓ 100 g de sucre
- ✓ 1 paquet de sucre vanillé
- ✓ 2 oeufs
- ✓ 80 ml de yaourt
- ✓ 200 g de farine de blé
- ✓ 1 cuillère à café de bicarbonate de soude
- ✓ 1 pincée de sel
- ✓ 80 g de copeaux de chocolat
- ✓ Graisse
- ✓ Sucre en poudre pour saupoudrer
- ✓ Farine.

PRÉPARATION

Temps total environ 1 heure 30 minutes.

1. Préchauffez le four à 175°C. Graisser et fariner un moule à pain de 26 cm. Écraser très finement les bananes avec un presse-purée pour obtenir une purée.
2. Battez le beurre en crème avec un batteur muni d'un fouet et incorporez le sucre et le sucre vanillé. Incorporez les deux œufs, un par un, en battant. Incorporer ensuite le mélange de bananes et le yaourt. Mélangez la farine avec le bicarbonate de soude et le sel et tamisez-la sur la pâte, puis incorporez-la avec une spatule. Incorporez ensuite le chocolat râpé.
3. Versez la pâte dans le moule à pain et faites cuire au four sur l'étagère du milieu pendant environ 1 heure. Il est préférable de faire le premier test des baguettes après 50 minutes. Laissez le gâteau refroidir dans le moule pendant environ 10 minutes après la cuisson. Une fois que le pain a refroidi, retournez le gâteau sur une grille. Saupoudrez de sucre glace juste avant de servir

Astuce : vous pouvez également remplacer le yaourt par du lait. Il faut alors remplacer le bicarbonate de soude par 2 cuillères à café de bicarbonate de soude car, sans le yaourt, le bicarbonate de soude n'a pas l'acidité nécessaire pour "réagir."

BISCUITS AUX CANNEBERGES ET AU CHOCOLAT BLANC.

INGRÉDIENTS POUR 1 PORTION.

- 180 g g de farine
- 100 g de beurre
- 150 g de sucre
- 1 œuf
- 1 cuillère à café de sucre vanillé
- ½ cuillère à café de levure chimique
- ½ cuillère à café de sel
- 100 g de chocolat blanc, haché
- 100 g de Canneberges, séchées.

PRÉPARATION

Temps total environ 25 minutes.

1. Battez en crème le beurre, le sucre et l'œuf. Ajouter la levure chimique mélangée à la farine, puis incorporer le chocolat blanc et les canneberges séchées.
2. La quantité de pâte est suffisante pour 9 grands biscuits ou 18 petits biscuits. Pour les grands biscuits, placez un tas d'une cuillère à soupe sur une plaque à pâtisserie, et pour les petits biscuits, placez un tas d'une cuillère à café sur deux plaques à pâtisserie.
3. Faites cuire les biscuits dans un four chaud à 170°C pendant environ 10 à 15 minutes jusqu'à ce qu'ils soient très légèrement dorés.
4. Il est important de sortir ces biscuits du four lorsqu'ils sont encore mous, car ils durcissent en refroidissant.

SANDWICH AU FROMAGE GRILLÉ AVEC ŒUF FRIT ET BACON.

INGRÉDIENTS POUR 1 PORTION.

- ✓ 2 tranche de pain grillé
- ✓ 2 Scheibletten (tranches de fromage fondu)
- ✓ 1 œuf de taille moyenne ou grande
- ✓ Bacon
- ✓ Un peu de beurre.

PRÉPARATION

Temps total environ 15 minutes.

1. Tout d'abord, faites frire le bacon - autant que vous voulez sur le sandwich - dans une poêle jusqu'à ce qu'il soit croustillant. Lorsqu'ils sont dorés comme vous le souhaitez, retirez-les de la poêle et placez-les sur du papier absorbant pour qu'ils absorbent l'huile.
2. Essuyez ensuite la poêle et faites-y frire l'œuf jusqu'au point de cuisson souhaité. Le jaune d'œuf est meilleur lorsqu'il est encore légèrement mou.
3. Etalez maintenant un peu de beurre sur un côté de chacune des deux tranches de pain grillé. Sur le côté non beurré de l'une des tranches de pain grillé, placez une tranche de fromage, l'œuf au plat par-dessus, une autre tranche de fromage, puis le bacon. Enfin, placez la deuxième tranche de pain grillé, côté beurré vers le haut, sur le dessus du sandwich.
4. Enfin, le sandwich est frit dans une poêle à feu moyen jusqu'à ce qu'il soit doré d'un côté, puis de l'autre également. Assurez-vous que le fromage est également fondu.

LAITUE ICEBERG AVEC UNE DIFFÉRENCE - SALADE EN QUARTIERS.

INGRÉDIENTS POUR 4 PORTIONS.

Pour la vinaigrette:

- 200 g de crème aigre
- 100ml de babeurre
- 1 gousse d'ail, pressée ou finement hachée
- Sel et poivre
- 2 cuillères à soupe de vinaigre aux herbes
- Miel ou sucre, facultatif.

En outre:

- 1 laitue iceberg.

Pour la garniture : (laissez libre cours à votre imagination et à vos goûts!)

- Bacon, frit, légèrement émietté ou en dés
- Noix ou amandes, grillées
- Fromage bleu, cheddar, etc.
- Tomates cocktail, coupées en quatre ou en deux.
- rouleaux de ciboulette.

PRÉPARATION

Temps total environ 15 minutes.

1. Pour la crème à salade, il suffit de mettre tous les ingrédients dans un bol et de bien les mélanger.
2. Retirez les feuilles fanées et la tige dure de la laitue iceberg et coupez-la en quatre.
3. Pour chaque portion, mettez un quart de la laitue dans l'assiette et versez un peu de crème dessus. Selon votre goût, vous pouvez ensuite étaler la garniture sur la salade et la servir.

GÂTEAU AU FROMAGE.

INGRÉDIENTS POUR 4 PORTIONS.

- ✓ 500 g de farine
- ✓ 2 cuillères à café de sel
- ✓ ½ cube de levure fraîche (21 g)
- ✓ 1 cuillère à café de sucre
- ✓ 250 ml d'eau tiède
- ✓ 4 cuillères à soupe d'huile de tournesol
- ✓ 1 œuf
- ✓ 1 cuillère à soupe d'huile
- ✓ 500 g de viande hachée
- ✓ Sel
- ✓ Poivre
- ✓ Ketchup de tomate
- ✓ Moutarde
- ✓ 1 Oignon, coupé en gros dés
- ✓ 3 Cornichons, coupés en fines tranches
- ✓ 6 tranches de fromage fondu
- ✓ Eau ou lait
- ✓ Sésame.

PRÉPARATION

Temps total environ 3 heures 10 minutes.

1. Pour la pâte à la levure, mélangez bien la farine et le sel dans un bol. Faites dissoudre la levure et le sucre dans l'eau tiède. Ajoutez-les au bol avec la farine et laissez lever dans le bol couvert pendant 15 minutes. Ajoutez l'huile de tournesol et l'œuf et pétrissez bien. Laissez la pâte lever dans le bol couvert à température ambiante pendant au moins 2 heures.
2. Pour la garniture de viande hachée, faites chauffer l'huile dans une poêle, saisissez la viande hachée et assaisonnez-la de sel et de poivre.
3. Abaisser un peu plus de la moitié de la pâte, la placer dans un moule à gâteau graissé de 28 cm et former un rebord. Posez la viande hachée frite sur la pâte et répartissez-y les ingrédients suivants : le ketchup, la moutarde, l'oignon coupé en gros morceaux - si vous le souhaitez, faites-le frire à la poêle au préalable - les cornichons en tranches et les tranches de fromage fondu. Etalez le reste de la pâte. Placez-la sur la garniture et fermez bien les bords de la pâte. Badigeonnez le couvercle de la pâte avec de l'eau ou du lait et saupoudrez les graines de sésame sur le dessus. Faites cuire le gâteau cheeseburger à 180 degrés pendant 20-25 minutes.

SALADE DE CHOUX CANADIENNE.

INGRÉDIENTS POUR 6 PORTIONS.

- ✓ 1 une petite tête de chou blanc
- ✓ 3 oignons de printemps
- ✓ 1 poivron rouge
- ✓ 1 poivron vert
- ✓ 3 carottes
- ✓ 200 ml de vinaigre
- ✓ 150 ml d'huile
- ✓ 75 g de sucre
- ✓ 1 cuillère à café de sel
- ✓ 1 cuillère à café de moutarde
- ✓ Un peu de poivre.

PREPARATION

Total time about 1 day 30 minutes.

1. Déchiquetez le chou, émincez les oignons et coupez les poivrons en lanières. Râper les carottes et bien mélanger.
2. Pour la marinade, portez à ébullition le vinaigre, l'huile, le sucre, le sel, la moutarde et un peu de poivre, versez sur les légumes et mélangez bien. Laisser reposer au moins une journée.

BROWNIES AUX COURGETTES.

INGRÉDIENTS POUR 1 PORTION.

- ✓ 150 g de courgettes
- ✓ 100 g Noix de votre choix (par exemple, noix de cajou, amandes, noix de Grenoble, noix de pécan)
- ✓ 50 g de chocolat (de préférence du chocolat noir à haute teneur en cacao de 70%)
- ✓ 75 g de beurre
- ✓ 50 g de farine
- ✓ 3 cuillères à café, en poudre, de véritable cacao noir à cuire
- ✓ 1 cuillère à café de levure chimique, en poudre
- ✓ 180 g de sucre
- ✓ 2 oeufs
- ✓ 1 paquet de sucre vanillé
- ✓ Chocolat, haché, ou chocolat râpé
- ✓ 2 cuillères à soupe de sucre en poudre
- ✓ Graisse et farine pour le moule (alternativement papier sulfurisé)

PRÉPARATION

Temps total environ 1 heure 30 minutes.

1. Graissez et farinez le moule ou tapissez-le de papier sulfurisé. Lavez et râpez grossièrement les courgettes. Hachez grossièrement les noix. Faites fondre le beurre avec le chocolat, puis laissez refroidir légèrement.
2. Battez les œufs avec le sucre et le sucre vanillé pendant quelques minutes jusqu'à ce qu'ils deviennent mousseux. Mélangez bien la farine avec le cacao et la levure chimique, versez sur le mélange d'œufs, incorporez, puis incorporez le mélange beurre-chocolat. Incorporez ensuite les courgettes et les noix. Si vous l'aimez extra chocolaté, ajoutez du chocolat haché ou du chocolat râpé à la pâte, mais elle sera de toute façon très chocolatée.
3. Versez la pâte dans le moule, lissez-la et faites-la cuire dans un four préchauffé à 150°C, avec circulation d'air (175°C en haut/en bas) pendant 30-35 minutes. Le gâteau doit encore être légèrement humide lorsque vous le testez avec une baguette, ce qui rend les brownies humides.
4. Laissez le gâteau refroidir et saupoudrez-le de sucre en poudre.

FABULEUX PAIN PERDU À LA DENNY'S.

INGRÉDIENTS POUR 4 PORTIONS.

- ✓ 4 œufs moyens à gros
- ✓ 100 ml de crème, substituer le lait ou la moitié d'un demi-litre
- ✓ 40 g de farine
- ✓ 45 g de sucre
- ✓ 2 gouttes d'Arôme (extrait de vanille)
- ✓ 1 pincée de sel
- ✓ ½ cuillère à café de cannelle
- ✓ 6 tranches de pain grillé (sandwich)
- ✓ Graisse pour la friture.

PRÉPARATION

Temps total environ 10 minutes.

1. Mélangez tous les ingrédients et ajoutez les tranches de pain grillé. Il est préférable de faire de nombreux petits trous dans les tranches de pain grillé avec une fourchette pour qu'elles s'imprègnent du pain grillé. Après 1 à 2 minutes, retournez les tranches.
2. Faites chauffer l'huile dans une poêle et faites cuire les toasts des deux côtés à feu moyen jusqu'au brunissement souhaité.
3. Les toasts sont meilleurs avec du sucre en poudre et du sirop d'érable, mais aussi avec de la confiture, de la crème fouettée, de la crème aigre, du fromage frais ou de la crème glacée.

PAIN AUX BANANES JUTEUX.

INGRÉDIENTS POUR 1 PORTION.

- 80 g beurre
- 100 g de sucre
- 90 g de sucre roux
- 1 œuf
- 2 protéines
- 3 gouttes d'arôme (vanille)
- 2 bananes trop mûres, écrasées
- 175 g de farine
- 1 cuillère à café de bicarbonate de soude
- ½ cuillère à café de sel
- ½ cuillère à café de levure chimique
- 120 ml de crème
- 50 g de noix, hachées
- Éventuellement de la graisse pour la forme.

PRÉPARATION

Temps total environ 25 minutes.

1. Préchauffez le four à 180°C.
2. Crémer le beurre dans un grand bol. Une fois crémé, ajoutez les deux types de sucre et mélangez bien. Ajouter l'œuf, le blanc d'œuf et l'essence de vanille et mélanger. Incorporez les bananes écrasées au mixeur haute vitesse pendant environ 30 secondes. Mélangez maintenant la farine, le bicarbonate de soude, le sel et la levure chimique. Ajoutez ce mélange et la crème au mélange de beurre. Ajoutez les noix et mélangez-les. Placez la pâte dans un moule à pain. Tapissez le moule à pain de papier sulfurisé ou graissé.
3. Mettez dans le four chaud et faites cuire pendant environ 75 minutes. Faites un test de baguettes!

SOUFFLÉS DE POMMES DE TERRE AVEC DIP - BISCUITS DE POMMES DE TERRE CROUSTILLANTS ET CRÉMEUX.

INGRÉDIENTS POUR 3 PORTIONS.

- ✓ 5 Pommes de terre, farineuses (environ 600 g)
- ✓ Sel et poivre
- ✓ 20 g de beurre
- ✓ 1 œuf
- ✓ ½ cuillère à café de poudre de paprika doux
- ✓ ½ cuillère à café de poudre d'oignon
- ✓ 60 g de farine et un peu de farine pour le façonnage et pour la planche
- ✓ Huile pour la friture.

Pour l'immersion:

- ✓ 200 g de crème aigre
- ✓ 70 g de mayonnaise pour salade
- ✓ ¼ cuillère à café de flocons de chili
- ✓ 2 cuillères à soupe de rouleaux de ciboulette
- ✓ Sel et poivre.

PRÉPARATION

Temps total environ 2 heures 15 minutes.

1. Commencez par les pommes de terre, qui doivent d'abord être épluchées et coupées en gros dés. Elles sont ensuite bouillies dans de l'eau légèrement salée jusqu'à ce qu'elles soient tendres. Selon la taille des cubes, cela prendra 15 à 20 minutes. Ensuite, l'eau est vidée et les pommes de terre sont placées dans un bol, où elles doivent refroidir légèrement pendant environ 15 minutes.
2. Vous pouvez utiliser ce temps pour préparer le dip. C'est très facile et rapide à faire. Il suffit de mélanger la crème aigre avec la mayonnaise pour salade, les flocons de chili, le sel, le poivre et la ciboulette.
3. Lorsque les pommes de terre ont légèrement refroidi (elles doivent être encore chaudes), écrasez-les grossièrement avec un presse-purée et ajoutez les autres ingrédients. Il s'agit du poivre, du sel, du beurre, de l'œuf, du paprika doux en poudre et de l'oignon en poudre. La masse est ensuite écrasée très finement jusqu'à ce qu'elle ait un aspect crémeux. Enfin, la farine est incorporée en remuant. Avec les mains légèrement farinées, la pâte de pommes de terre peut alors être formée en petites boules, que vous placez ensuite sur une planche farinée (la farine sur la planche est importante, sinon, elles colleront).
4. Lorsque cela est fait, vous pouvez les faire frire dans une poêle avec suffisamment d'huile jusqu'à ce qu'elles soient dorées. Veillez à ne pas mettre le feu trop fort. Sinon, ils brûleront très rapidement.
5. Lorsqu'ils sont cuits, posez-les un instant sur du papier absorbant pour que l'excès de graisse puisse s'écouler. Vous pouvez ensuite les servir avec un dip et une salade fraîche.

PATTES DE BURGER.

INGRÉDIENTS POUR 4 PORTIONS.

- ✓ 1 kg de viande de bœuf hachée
- ✓ 1 cuillère à soupe de sel
- ✓ 1 cuillère à soupe de poivre
- ✓ 1 cuillère à soupe de granulés d'oignon
- ✓ 1 cuillère à soupe de sel de céleri.

PRÉPARATION

Temps total environ 30 minutes.

1. Mélangez tous les ingrédients. Vous pouvez utiliser un robot culinaire avec un crochet à pâte pour cela.
2. Formez ensuite des galettes d'environ 1,5 cm d'épaisseur. Le diamètre doit être adapté à la taille des petits pains. Empilez ensuite les galettes en intercalant une couche de papier sulfurisé et mettez-les au congélateur pendant environ une heure. Une fois congelées, elles sont parfaites pour être grillées ou rôties sans se défaire et restent bien juteuses.
3. Il faut maintenant faire preuve de créativité pour garnir.

PIZZA À LA POÊLE AVEC CROÛTE DE FROMAGE.

INGRÉDIENTS POUR 3 PORTIONS.

Pour la pâte:

- ✓ 500 g de farine de blé type 405
- ✓ 1 paquet de levure sèche (7 g) ou ½ cube de levure fraîche
- ✓ 1 cuillère à café de sucre
- ✓ 1½ cuillère à café de sel
- ✓ 30 ml d'huile d'olive
- ✓ 200 ml Eau tiède, jusqu'à 250 ml.

Pour la sauce tomate:

- ✓ 300 g de tomates passées
- ✓ 2 gousses d'ail, hachées
- ✓ 1 petit Oignon, haché
- ✓ 1 cuillère à café d'Origan, séché
- ✓ ½ cuillère à café de basilic, séché
- ✓ Sel et poivre.

En outre:

- ✓ Mozzarella, râpée
- ✓ Poivre
- ✓ Salami (salami de volaille)
- ✓ Oignon rouge
- ✓ 350 g de Gouda ou d'Emmental, paré
- ✓ 1 protéine.

PRÉPARATION

Temps total environ 2 heures 20 minutes.

1. Vous mélangez la levure avec le sucre et vous dissolvez le tout dans un filet d'eau tiède. Vous aurez besoin du reste de l'eau plus tard. Vous pouvez également effectuer cette étape avec de la levure fraîche. Après cinq minutes, la levure se sera bien dissoute et aura commencé à "travailler".
2. Le moment venu, mettez la farine dans un bol avec la levure, le sel, l'huile d'olive et le reste de l'eau et pétrissez bien jusqu'à ce que la pâte se détache du bord du bol. Si la pâte est trop collante, vous pouvez y ajouter un peu plus de farine. Couvrez avec du film alimentaire et laissez la pâte dans un endroit chaud pour lever pendant 1 ½ heure.
3. Pendant ce temps de levée, vous pouvez déjà cuire la sauce tomate. Pour ce faire, mettez l'huile dans une petite casserole et faites-y revenir l'oignon et l'ail hachés jusqu'à ce que l'oignon commence à devenir translucide. Le moment venu, arrosez le tout de passata tomate et éteignez la cuisinière. Assaisonnez la sauce avec du poivre, du sel, de l'origan séché et du basilic séché.
4. Après le temps de levée, divisez la pâte en trois morceaux égaux et étalez-les en cercle sur un plan de travail fariné. Veillez à ne pas trop pétrir la pâte. Sinon, elle deviendra dure et difficile à étaler. Si vous pétrissez trop fort, laissez la pâte reposer couverte pendant 10 minutes supplémentaires. Elle redeviendra alors souple.
5. Après l'avoir abaissée, placez-la sur une plaque à pizza ou une plaque à pâtisserie, relevez légèrement le bord et badigeonnez (uniquement le bord) de blanc d'œuf. Ensuite, vous mettez le fromage coupé sur le dessus, vous repliez le bord par-dessus et vous appuyez fermement dessus. Assurez-vous qu'il n'y a pas de trou pour que le fromage déborde.
6. Ensuite, vous étalez la sauce tomate sur la pizza et vous la garnissez selon vos goûts. Par exemple, nous avons de la mozzarella râpée, du salami de poulet, des oignons rouges et des poivrons verts.
7. La pizza va ensuite au four pendant 18 à 20 minutes à 220 °C en haut/en bas.

HOT DOGS CUITS.

INGRÉDIENTS POUR 4 PORTIONS.

- ✓ 500 g de farine
- ✓ 1 paquet de levure sèche ou
- ✓ Levure fraîche
- ✓ 200 ml d'eau, tiède
- ✓ 50 ml d'huile d'olive
- ✓ Un peu de sel
- ✓ 1 pincée de sucre
- ✓ 8 hot-dogs
- ✓ Du ketchup
- ✓ Un peu de moutarde
- ✓ 1 tasse d'oignons grillés
- ✓ 1 jaune d'oeuf
- ✓ De l'eau.

PRÉPARATION

Temps total environ 1 heure 40 minutes.

1. Dissoudre la levure sèche avec le sucre et un peu d'eau tiède et la pétrir en une pâte à pizza avec la farine, l'eau, l'huile et le sel. Laissez lever dans un endroit chaud pendant environ 1 heure. Si vous avez besoin de quelque chose de rapide, la pâte à pizza toute prête du rayon réfrigéré fera l'affaire.
2. Divisez la pâte en 8 morceaux égaux. Roulez de longs pains plats à partir de chacun d'eux de manière à ce qu'une saucisse s'y insère.
3. Placez une saucisse sur chaque pain plat, badigeonnez la saucisse de moutarde et de ketchup et saupoudrez-la d'environ 1 cuillère à café d'oignons frits. Ensuite, repliez l'excédent de pâte autour de la saucisse pour que rien ne dépasse.
4. Placez les morceaux de pâte sur une plaque de cuisson et badigeonnez-les de jaune d'œuf (mélangé à un peu d'eau). Faites cuire au four à 200°C pendant environ 20 minutes jusqu'à ce que les hot-dogs soient dorés.

CRÊPES AUX BANANES.

INGRÉDIENTS POUR 2 PORTIONS.

- ✓ 200 g de farine, de préférence complète
- ✓ 240ml de lait de soja (boisson au soja)
- ✓ 2 cuillères à soupe de sucre vanillé, fait maison
- ✓ 2 pincées de poudre de cardamome
- ✓ 1 pincée de sel
- ✓ 1 grande Banane, écrasée
- ✓ 2 cuillères à café de levure chimique
- ✓ 1 cuillère à soupe d'huile (huile de macadamia)
- ✓ Un peu d'huile, neutre pour la friture
- ✓ Sirop d'érable.

PRÉPARATION

Temps total environ 20 minutes.

1. Mélangez soigneusement tous les ingrédients pour former une pâte lisse. Faites chauffer un peu d'huile neutre dans une poêle à revêtement et faites cuire les petites crêpes les unes après les autres. Cela donne environ 14 pièces.
2. Empiler sur deux assiettes et verser une bonne quantité de sirop d'érable dessus. Servir et déguster immédiatement.

RAGOÛT DE HARICOTS À LA CANADIENNE.

INGRÉDIENTS POUR 3 PORTIONS.

- ✓ 300 g de bacon, fumé ou salé
- ✓ Huile d'olive
- ✓ 250 g Boeuf, coupé en petits morceaux
- ✓ 1 boîte de haricots blancs
- ✓ 1 boîte de haricots rouges
- ✓ 1 boîte de haricots borlotti
- ✓ 1 gousse d'ail, grossièrement hachée
- ✓ 1 oignon de taille moyenne, finement haché
- ✓ 1 boîte de tomates, coupées en morceaux
- ✓ 1 dl de jus de tomate
- ✓ 1 bouquet de thym
- ✓ 1 feuille de laurier
- ✓ 1 piment de taille moyenne
- ✓ 1 cuillerée à café bombée de coriandre
- ✓ 1 cuillère à café de cumin moulu, en tas
- ✓ Sel et poivre
- ✓ 1 shot de sirop d'érable
- ✓ 1 bouquet de persil, finement haché.

PREPARATION

Temps total environ 50 minutes.

1. Coupez le bacon en morceaux de l'épaisseur d'un doigt et faites-le revenir dans un peu d'huile d'olive pendant quelques minutes. Ajouter progressivement l'ail, les oignons, le piment et une feuille de laurier. Continuez à faire frire en remuant constamment. Ajouter le bœuf haché, assaisonner avec le cumin moulu et les graines de coriandre. Faites frire le tout ensemble pendant quelques minutes supplémentaires.
2. Ajoutez le thym, les tomates coupées en morceaux et leur jus et assaisonnez avec du sel et du poivre.
3. Incorporez ensuite tous les haricots et laissez mijoter à feu doux pendant environ 10 minutes.
4. Enfin, ajoutez un filet de sirop d'érable et, au moment de servir, ajoutez le persil.

PAIN À L'AIL À LA PIZZA HUT.

INGRÉDIENTS POUR 1 PORTION.

- ✓ 1 Baguette, ou ciabatta
- ✓ 1 cuillère à soupe de parmesan en poudre
- ✓ 1 cuillère à soupe de Cheddar en poudre
- ✓ 1 cuillère à soupe de fromage (Emmental), en poudre
- ✓ 1 cuillère à soupe de persil haché
- ✓ 1 cuillère à soupe d'oignon de printemps, finement haché
- ✓ 4 cuillères à soupe de beurre
- ✓ 2 gousses d'ail, plus si nécessaire
- ✓ Sel.

PRÉPARATION

Temps total environ 15 minutes.

1. Préchauffez le four à 225 degrés.
2. Mélangez les fromages (s'ils sont en gros morceaux, râpez-les finement) et incorporez le persil, les oignons nouveaux et une pincée de sel. Faites fondre le beurre dans une poêle et faites-y revenir l'ail à feu doux.
3. Couper le pain dans le sens de la longueur et de la largeur, badigeonner généreusement les morceaux de beurre à l'ail et les saupoudrer du mélange de fromage. Placez-les individuellement sur une plaque à pâtisserie et faites-les cuire au four jusqu'à ce que les bords soient légèrement bruns et que le fromage soit fondu.

SALADE AVEC POMMES DE TERRE FRITES.

INGRÉDIENTS POUR 4 PORTIONS.

- ✓ 1 kg de pommes de terre, petites
- ✓ 125 ml Huile d'olive, pressée à froid
- ✓ 1 petit oignon rouge, finement haché
- ✓ 30 g Olives noires, finement hachées
- ✓ 2 cuillères à soupe de Câpres, égouttées, finement hachées
- ✓ 6 Tomates, séchées dans l'huile, finement hachées
- ✓ Beaucoup de Persil haché menu
- ✓ 1 cuillère à soupe de vinaigre balsamique
- ✓ Sel marin, grossier
- ✓ Poivre noir.

PRÉPARATION

Temps total environ 55 minutes.

1. Laver et frotter les pommes de terre. Si elles sont trop grosses, coupez-les en deux ou en quatre et placez-les dans un plat à gratin ou une rôtissoire. Arrosez-les de 2 cuillères à soupe d'huile d'olive et de sel de mer et mélangez le tout dans l'huile.
2. Faites cuire dans un four préchauffé à 200°C en haut/en bas (air circulant : 180°C) pendant environ 25 à 30 minutes, en tournant plusieurs fois.
3. Placez les autres ingrédients dans un bol. Assaisonnez-les avec du sel et du poivre. Ajouter les pommes de terre finies à la vinaigrette et mélanger.
4. Servir chaud ou froid.

PASTA DE SAUSAGE.

INGRÉDIENTS POUR 3 PORTIONS.

- ✓ 1 cuillère à soupe d'huile d'olive
- ✓ 450 g de Cabanossi ou de Mettenden
- ✓ 1 oignon coupé en dés
- ✓ 1 gousse d'ail
- ✓ 500ml de bouillon de poulet
- ✓ 125ml de lait ou de crème
- ✓ 1 petite boîte de tomates en morceaux
- ✓ 250 g de pâtes
- ✓ 125 g de fromage cheddar, Cheddar
- ✓ Sel et poivre
- ✓ Oignon nouveau pour la garniture.

PRÉPARATION

Temps total environ 40 minutes.

1. Faites chauffer l'huile dans une poêle, coupez la saucisse en tranches et faites-la revenir dans l'huile. Ajouter les oignons et l'ail écrasé et faire revenir brièvement.
2. Ajoutez 300 ml de bouillon de poulet, le lait ou la crème, les tomates et les pâtes, remuez le tout et laissez mijoter à feu doux avec le couvercle fermé pendant 15-20 minutes. Remuez de temps en temps et complétez avec le reste du bouillon de poulet si nécessaire.
3. Lorsque les pâtes sont presque cuites, incorporez 50 g de fromage et assaisonnez avec du sel et du poivre. Répartissez les 50 g de fromage restants sur le dessus, remettez le couvercle et laissez reposer quelques minutes de plus.
4. Coupez les oignons nouveaux en petits morceaux. Disposez les nouilles dans des assiettes et décorez-les avec les oignons de printemps.

MUFFINS AU SIROP D'ÉRABLE AVEC DES CRUMBLES D'AVOINE.

INGRÉDIENTS POUR 1 PORTION.

- 300 g de farine
- 50 g de sucre
- 2 cuillères à café de levure chimique
- 1 pincée de sel
- ¼ cuillère à café de cannelle
- 1 œuf
- 150 ml de lait
- 100 ml de sirop d'érable
- 50 g de beurre, fondu
- 150 g Baies ou fruits de votre choix, finement hachés (peut être un peu plus)

Pour les saupoudrages:

- 20 g de beurre, fondu
- 2 cuillères à soupe de flocons d'avoine, tendres
- 20 g de sucre
- 1 pincée de cannelle (plus si vous aimez)

PRÉPARATION

Temps total environ 10 minutes.

1. Mélangez les ingrédients secs dans un bol.
2. Mélangez l'œuf, le lait, le sirop d'érable et le beurre dans un autre bol à l'aide d'un fouet.
3. Ajouter le mélange de farine au mélange œuf/lait et mélanger avec une spatule jusqu'à ce qu'il soit humide. Incorporer ensuite les baies.
4. Répartissez la pâte dans les 12 ramequins, étalez-y le mélange de crumble et placez-les dans le four chaud.
5. Faites cuire à 170°C pendant environ 20 à 25 minutes. Faites le test des baguettes.

Suffisant pour 12 pièces.

Conseil : vous pouvez aussi saupoudrer de sucre en poudre sur le dessus ou faire un glaçage au sucre en poudre au sirop d'érable.

SALADE CÉSAR.

INGRÉDIENTS POUR 4 PORTIONS.

- ✓ 3 tranche de pain grillé
- ✓ 3 gousses d'ail
- ✓ 8 cuillères à soupe d'huile d'olive
- ✓ 1 grosse laitue romaine
- ✓ 3 filets d'anchois marinés
- ✓ 2 jaunes d'oeufs moyens-gros
- ✓ 2 cuillères à café de moutarde moyennement forte
- ✓ 1 cuillère à soupe de jus de citron
- ✓ 1 cuillère à soupe de vinaigre (par exemple, vinaigre de vin rouge)
- ✓ 100 g de Parmesan, fraîchement râpé
- ✓ Sel et poivre.

PRÉPARATION

Temps total environ 20 minutes.

1. Coupez le pain en dés d'environ 1 cm. Peler 2 gousses d'ail, les presser et les mélanger avec 3 cuillères à soupe d'huile. Faites griller le pain dans une poêle dans l'huile d'ail pendant 2-3 minutes jusqu'à ce qu'il soit croustillant.
2. Nettoyez et lavez la laitue, séchez-la en la tapotant et coupez-la en petits morceaux.
3. Pour la vinaigrette, épluchez l'ail restant et pressez-le dans les anchois, les jaunes d'œufs, la moutarde, le jus de citron, le vinaigre, 50 g de parmesan, l'huile restante, le sel et le poivre. Réduire le tout en purée à l'aide d'un mixeur manuel ou d'un blender jusqu'à obtenir une consistance lisse.
4. Mélangez la salade avec la vinaigrette et laissez tremper brièvement. Saupoudrer les croûtons et le reste du parmesan et servir.

CREVETTES EN SAUCE À L'AIL.

INGRÉDIENTS POUR 4 PORTIONS.

- ✓ 80 ml d'huile d'olive
- ✓ 4 gousses d'ail
- ✓ 2 feuilles de laurier
- ✓ 1 cuillère à café de piment rouge, grossièrement moulu
- ✓ 1 kg de crevettes crues, grosses, décortiquées
- ✓ Poivre, fraîchement moulu
- ✓ 3 cuillères à soupe de Sherry, sec ou moyen (45 ml)
- ✓ 2 cuillères à soupe de jus de citron, (30 ml)
- ✓ 3 cuillères à soupe de persil, fraîchement haché
- ✓ 1 petite Baguette.

PRÉPARATION

Temps total environ 20 minutes.

1. Déveinez les crevettes.
2. Coupez les gousses d'ail en deux, puis en tranches très fines. Faire chauffer lentement dans une grande poêle avec l'huile d'olive, les feuilles de laurier et le piment. Plus c'est long, mieux c'est, mais le feu doit être suffisamment doux pour ne pas faire brunir l'ail, environ 10 minutes.
3. Augmentez le feu et ajoutez les crevettes, le sel et le poivre noir. Faites cuire jusqu'à ce que les crevettes soient tout juste tendres, 4 à 5 minutes, en remuant de temps en temps. Versez ensuite le sherry et le jus de citron, faites chauffer brièvement, retirez du feu et incorporez le persil.

SALADE DE THON AVEC POMMES ET CÉLERI.

INGRÉDIENTS POUR 4 PORTIONS.

- ✓ 2 petites boîtes de thon à l'huile (meilleur goût)
- ✓ 2 grosses pommes, croquantes
- ✓ 2 oeufs, cuits durs
- ✓ 2 oignons
- ✓ 1 botte de céleri
- ✓ 1 verre Mayonnaise, éventuellement allégée, grand verre.

PRÉPARATION

Temps total environ 20 minutes.

1. Épluchez les pommes, les oignons et les œufs. Epluchez les pommes. Coupez tout en petits morceaux et mélangez-les avec le thon et la mayonnaise. N'utilisez pas trop de mayonnaise.
2. Aucune autre épice n'est nécessaire. Ce plat est également délicieux dans un sandwich entre de grandes tranches de pain blanc grillé.

BISCUITS BRETZEL AU CHOCOLAT SALÉ ET AU BEURRE DE CACAHUÈTE.

INGRÉDIENTS POUR 1 PORTION.

- ✓ 55 g de beurre ou de margarine
- ✓ 115 g de beurre de cacahuète
- ✓ 170 g de sucre brun
- ✓ 1 œuf
- ✓ 1 cuillère à café d'extrait de vanille
- ✓ 2 cuillères à café de lait
- ✓ ¼ cuillère à café de Fleur de Sel
- ✓ ¼ cuillère à café de levure chimique
- ✓ 8 5g de farine
- ✓ 60 g de Crumbs (bretzels salés), finement moulus
- ✓ 30 g de pépites de chocolat
- ✓ Fleur de sel pour saupoudrer.

PRÉPARATION

Temps total environ 20 minutes.

1. Préchauffez le four à 175°C. Tapisser deux plaques à pâtisserie. Les tapisser de papier sulfurisé. Mettez les plaques à pâtisserie de côté.
2. Dans un grand bol, crémer le beurre et le beurre de cacahuètes. Incorporer le sucre et l'extrait de vanille, l'œuf et le lait pendant une minute. Incorporer ensuite brièvement le sel, la levure chimique, la farine et les miettes de bretzel, puis incorporer les morceaux de chocolat.
3. Déposer des petits tas de pâte sur la plaque de cuisson à l'aide d'une cuillère à soupe et presser en forme de croix avec une fourchette. Saupoudrer chaque biscuit d'un peu de fleur de sel.
4. Mettez les plaques dans le four. Faites cuire pendant environ 10 à 12 minutes.

PAIN À LA BANANE.

INGRÉDIENTS POUR 1 PORTION.

- ½ tasse de beurre
- 1 tasse de sucre
- 2 œufs de taille moyenne
- 3 bananes de taille moyenne, bien mûres
- 1 ½ tasse de farine (farine complète de votre choix, en option)
- 1 cuillère à café de bicarbonate de soude
- ¼ tasse de Noix à volonté, hachées
- Graisse pour la forme
- Éventuellement de l'enrobage pour couvrir.

PRÉPARATION

Temps total environ 20 minutes.

1. Préchauffez le four à 180°C air chaud (chaleur supérieure/inférieure : 200°C). Graissez un moule à pain et placez-le au réfrigérateur.
2. Pelez et écrasez les 3 bananes mûres. Battez le beurre en crème avec le sucre, puis incorporez les œufs et les bananes écrasées. Mélangez la farine et le bicarbonate de soude et incorporez-les. Enfin, incorporez les noix hachées. Versez la pâte dans le moule à pain.
3. Placez dans le four chaud. Faire cuire pendant 3/4 à 1 heure - faire un test de cuisson.
4. Si vous le souhaitez, vous pouvez recouvrir le pain aux bananes de couverture fondue.

PAIN AUX RAISINS AVEC STRUDEL À LA CANNELLE.

INGRÉDIENTS POUR 1 PORTION.

- ✓ 450 g de farine, type 550
- ✓ 50 g de sucre
- ✓ 1 cuillère à café de sel
- ✓ 1 paquet de levure sèche ou 1/2 cube de levure fraîche, émiettée
- ✓ 200 ml d'eau, tiède (la quantité dépend de la taille de l'œuf et de la sécheresse des raisins secs)
- ✓ 2 cuillères à soupe d'huile
- ✓ 1 œuf
- ✓ 75 g de raisins secs
- ✓ 50 g de sucre
- ✓ ½ cuillère à soupe de cannelle moulue
- ✓ Lait pour badigeonner.

PRÉPARATION

Temps total environ 2 heures 20 minutes.

1. Placez la farine, le sucre, le sel, la levure, l'eau, l'huile, l'œuf et les raisins secs dans un bol et pétrissez en une pâte lisse dans un batteur sur socle à vitesse moyenne, 3-5 minutes. C'est un peu plus difficile sans robot ménager - un maître boulanger m'a dit un jour : "Si vous avez un bras boiteux, continuez à pétrir pendant 5 minutes supplémentaires". Si vous utilisez de la levure sèche, vous pouvez d'abord la dissoudre dans un peu d'eau. D'après mon expérience, elle lève mieux que si vous la mélangez simplement à sec dans la pâte.
2. Couvrez la pâte finie dans le bol avec un sac, une assiette ou une serviette humide et laissez-la lever dans un endroit chaud pendant environ une heure. Ensuite, mettez un peu de farine sur le plan de travail et pétrissez vigoureusement la pâte à la main. Travaillez toujours la pâte de l'extérieur vers le milieu et tournez un peu la pâte après chaque "pliage". Cela devrait former une "peau de pâte" fermée à l'extérieur (c'est-à-dire sur le dessous) et la soi-disant extrémité à l'intérieur (c'est-à-dire sur le dessus). Après avoir pétri la boule de pâte, remettez-la dans le bol avec l'extrémité vers le bas ou laissez-la simplement sur le plan de travail et couvrez-la à nouveau. Laissez la pâte reposer pendant 10 à 20 minutes pour qu'elle se détende à nouveau avant de pouvoir continuer à travailler.
3. Pendant ce temps, mélangez la cannelle et le sucre pour le strudel à la cannelle et graissez un moule à pain de 30 cm. Saupoudrez le plan de travail d'un peu plus de farine et posez-y la boule de pâte, l'extrémité tournée vers le haut, et tapez-la d'abord à plat avec vos mains, puis étalez-la avec le rouleau à pâtisserie pour obtenir un rectangle d'environ 60 x 30 cm. Badigeonnez légèrement de lait et répartissez uniformément le mélange cannelle-sucre sur le dessus. Laissez un peu d'espace sur les bords.
4. Roulez maintenant la pâte à partir du petit côté, pas trop lâche, rabattez-la un peu sur les côtés pour que la pâte soit fermée à cet endroit, et placez-la dans le moule préparé. Couvrez le moule et laissez-le lever jusqu'à ce que la pâte dépasse légèrement du moule. Selon la température, cela prend 45-90 minutes.
5. Préchauffez le four à 190°C et portez de l'eau à ébullition juste avant de l'insérer. Placez le moule dans le four, versez une partie (environ 1/2 tasse) de l'eau bouillante sur le fond du four pour créer de la vapeur, et fermez le four immédiatement (bien plus efficace que la fameuse tasse d'eau dans le four). Faites cuire le pain pendant 30-35 minutes, en couvrant le dessus avec un peu de papier d'aluminium après environ 15 minutes pour qu'il ne devienne pas trop foncé.
6. Après la cuisson, démoulez le pain et laissez-le refroidir sur une grille. Particulièrement délicieux grillé avec du beurre et de la confiture!

WEDGES.

INGRÉDIENTS POUR 2 PORTIONS.

- ✓ 8 pommes de terre épaisses
- ✓ 5 gousses d'ail
- ✓ Huile ou beurre
- ✓ Poudre de curry
- ✓ Paprika en poudre
- ✓ Sel et poivre.

PRÉPARATION

Temps total environ 30 minutes.

1. Tout d'abord, vous devez nettoyer les pommes de terre sous l'eau tiède. Ensuite, il faut couper chaque pomme de terre en deux et les couper à nouveau en deux. Selon la taille, également en sixièmes ou en huitièmes. Il suffit de répartir les colonnes terminées sur une plaque de cuisson recouverte de papier sulfurisé.
2. Râpez maintenant finement les gousses d'ail. Vous pouvez également les passer au presse-purée avec un peu de sel et les mélanger avec de l'huile ou du beurre fondu. Si vous le souhaitez, vous pouvez également incorporer le sel. Selon votre goût, vous pouvez assaisonner le tout avec du curry et/ou du paprika. Le poivre n'est cependant pas à éviter. Répartissez maintenant le tout joliment sur les quartiers de pommes de terre crues.
3. Mélangez à nouveau grossièrement les quartiers avec vos mains et mettez-les au four. Au four à 180°C pendant 35 à 45 minutes, vous pouvez voir si elles sont bonnes.

POMME DE TERRE - POTIRON - QUARTIERS.

INGRÉDIENTS POUR 4 PORTIONS.

- 1 kg de pommes de terre, de taille moyenne
- 500 g Potiron (Butternut ou Hokkaido), pelé
- 4 cuillères à soupe d'huile
- 2 cuillères à café de poudre de paprika
- 2 cuillères à café de sel
- 1 cuillère à café de sucre
- 1 cuillère à café de poivre
- Cumin
- Épice pour pain d'épices.

PRÉPARATION

Temps total environ 35 minutes.

1. Préchauffez le four à 190°C (convection). Épluchez les pommes de terre. Coupez les pommes de terre en quartiers (d'une épaisseur d'au moins un pouce). Vous pouvez également laisser la peau si vous le souhaitez, mais vous devrez alors laver soigneusement les pommes de terre.
2. Coupez la courge de la même manière et placez les deux dans un grand bol pour les assaisonner. Ajoutez du sel, du sucre et des épices (selon votre humeur) et mélangez le tout avec l'huile.
3. Étalez-les sur une plaque de cuisson. Tapissez la plaque de papier et faites cuire au four sur l'étagère du milieu pendant environ 20 minutes. Le potiron sera un peu plus mou que les pommes de terre.
4. Accompagne bien les plats de viande, mais peut aussi être dégusté en solo avec du ketchup ou d'autres sauces!

PARMESAN - LANIÈRES DE POULET.

INGRÉDIENTS POUR 4 PORTIONS.

- ✓ 4 Filet de poitrine de poulet
- ✓ 75 g de chapelure
- ✓ 40 g de parmesan, râpé
- ✓ Un peu de persil, finement haché
- ✓ 2 oeufs
- ✓ 50 g de beurre, fondu
- ✓ Sel et poivre.

PRÉPARATION

Temps total environ 1 heure 10 minutes.

1. Coupez 4 à 5 longues lanières dans chaque filet de poitrine de poulet. Fouettez ensemble la chapelure, le parmesan, le persil, le sel et le poivre dans un bol. Placez les lanières de poulet d'abord dans l'œuf battu puis dans le mélange de chapelure.
2. Placez-les sur une plaque de cuisson recouverte de papier sulfurisé et laissez-les reposer au réfrigérateur pendant environ 30 minutes ou à l'extérieur par temps froid.
3. Répartissez le beurre fondu sur le poulet et faites-le cuire dans un four préchauffé à 180°C pendant environ 20 minutes ou jusqu'à ce que les lanières de poulet soient dorées.
4. Les pommes de terre frites vont bien avec ce plat, mais aussi un mélange d'ail à la majonnaise pour tremper. C'est aussi un bon plat pour les doigts.

CREVETTE ÉPICÉE.

INGRÉDIENTS POUR 4 PORTIONS.

- ✓ 24 grosse crevette, décortiquée
- ✓ 1 cuillère à café de paprika en poudre, plus doux
- ✓ ½ cuillère à café de piment, séché, écrasé
- ✓ 2½ c. à thé de mélange d'épices (épice cajun, voir ci-dessous)
- ✓ 1 oignon
- ✓ ½ poivron rouge
- ✓ 4 gousses d'ail
- ✓ 60 g de beurre
- ✓ 125 ml de crème
- ✓ 1 cuillère à soupe de persil haché
- ✓ Mélange d'épices ; (assaisonnement cajun)
- ✓ 1 cuillère à soupe de granulés d'ail
- ✓ 1 cuillère à soupe d'oignon séché
- ✓ 2 cuillères à café de poivre blanc
- ✓ 2 cuillères à café de poivre noir, grossièrement moulu
- ✓ 1½ cuillère à café de poivre de Cayenne
- ✓ 2 cuillères à café de Thym, séché
- ✓ ½ cuillère à café d'Origan, séché.

PRÉPARATION

Temps total environ 20 minutes.

1. L'épice cajun est un mélange savoureux d'épices qui se conserve très bien dans un bocal fermé.
2. Mélanger la poudre de paprika, le chili et l'assaisonnement cajun, saupoudrer les crevettes et laisser reposer pendant 20 minutes.
3. Peler les oignons et l'ail, couper les oignons en fines rondelles, les poivrons en fines lamelles et l'ail en petits dés. Faites-les sauter dans le beurre dans une grande poêle pendant environ 6 minutes.
4. Ajoutez les crevettes et faites-les frire à feu vif jusqu'à ce qu'elles commencent à se colorer.
5. Incorporer la crème et laisser mijoter jusqu'à ce que les crevettes soient bien cuites. Saupoudrer de persil.

TARTE CROQUANTE AU MIEL.

INGRÉDIENTS POUR 12 PORTIONS.

Pour la pâte:

- ✓ 75 g de beurre
- ✓ 50 g de sucre
- ✓ 1 œuf
- ✓ 200 g de farine
- ✓ 1 cuillère à soupe d'eau.

Pour la couverture:

- ✓ 75 g de beurre
- ✓ 75 g de miel
- ✓ 75 g de sucre
- ✓ 250 g de noix ou d'amandes, hachées, en flocons ou en bâtonnets
- ✓ 2 cuillères à soupe de lait.

PRÉPARATION

Temps total environ 30 minutes.

1. Pour la pâte, battez le beurre avec le sucre jusqu'à ce qu'il soit mousseux. Incorporer l'œuf, puis mélanger avec la farine et l'eau pour former une pâte ferme.
2. Étalez-la et placez-la dans un moule à charnière de 24 cm graissé.
3. Pour la garniture, faire fondre le beurre, ajouter le miel et le sucre et laisser mousser jusqu'à ce que le sucre soit dissous. Ajouter les noix ou les amandes et déglacer avec le lait.
4. Répartissez sur la pâte et faites cuire au four à 180°C pendant environ 25-30 minutes jusqu'à ce que la pâte soit dorée.

ENCHILADAS DE POULET.

INGRÉDIENTS POUR 4 PORTIONS.

- ✓ 1 paquet de tortillas (6 - 8 pièces)
- ✓ 400 g de filet de poulet
- ✓ 1 boîte de maïs
- ✓ 1 poivron, rouge ou jaune
- ✓ 2 tasses de fromage Crème fraiche
- ✓ 1 sac de fromage (par ex. Emmental ou Gratinkäse), râpé
- ✓ Paprika en poudre, piquant comme une rose
- ✓ Origan
- ✓ Sel et poivre.

PRÉPARATION

Temps total environ 15 minutes.

1. Lavez le filet de poulet et enlevez les tendons. Coupez-le en petits cubes et faites-le sauter dans une poêle avec un peu d'huile. Retirez la poêle de la cuisinière pour la laisser refroidir.
2. Coupez les poivrons en petits cubes et ajoutez-les dans le saladier. Le maïs et la crème fraîche aussi. Ajoutez environ la moitié du fromage râpé. Mélangez bien le tout. Assaisonnez avec du sel, du poivre, du paprika en poudre et de l'origan. Une fois refroidie, ajoutez le poulet frit au mélange et remuez.
3. Prenez maintenant une tortilla et remplissez-la au milieu avec la masse - de manière à pouvoir encore enrouler les gâteaux plats. Important : placez les gâteaux plats roulés dans le plat à gratin avec la "couture" vers le bas. Saupoudrez ensuite les rouleaux avec le reste du fromage. Faites cuire au four à 180°C pendant environ 20 à 30 minutes jusqu'à ce que le fromage soit doré.

SALADE DE CÔTELETTES DE LA JUNGLE.

INGRÉDIENTS POUR 3 PORTIONS.

- ✓ 400g de laitue à feuilles mélangées, cueillies très petites ou coupées (par exemple, romaine, iceberg...)
- ✓ 1 paquet de canneberges séchées
- ✓ 1 Carotte, râpée
- ✓ 2 tomates, coupées en petits dés
- ✓ 1 petit concombre, râpé
- ✓ 200 g de fromage de champignon, émietté
- ✓ 150g de noix, hachées
- ✓ 1 verre d'Olives noires
- ✓ 2 Filets de poulet
- ✓ Huile d'olive, pour la friture.

Pour la vinaigrette:

- ✓ Vinaigre (vinaigre de framboise)
- ✓ Sel et poivre
- ✓ ½ cuillère à café de sucre
- ✓ Huile (huile de noix)

PRÉPARATION

Temps total environ 40 minutes.

1. Mélangez la laitue et les légumes dans un bol, coupez les olives en rondelles et ajoutez-les. Incorporer le fromage bleu émietté. Incorporer les canneberges séchées.
2. Faites griller les noix dans une poêle sans matière grasse. Ajouter 2 à 3 cuillères à soupe de sucre et laisser caraméliser (éventuellement déglacer avec quelques cuillères à soupe d'eau pour réduire les grumeaux). Laissez refroidir un peu sur du papier sulfurisé. Si les noix collent trop entre elles, les hacher à nouveau avec un couteau. Ajoutez les noix caramélisées à la salade.
3. Coupez les filets de poitrine de poulet en petits cubes et faites-les bien frire avec un peu d'huile d'olive.
4. Pendant ce temps, assaisonnez la salade. Si vous ne faites pas souvent des salades ou si vous ne faites pas confiance à votre instinct, vous pouvez d'abord mélanger les ingrédients dans un petit bol (ou encore mieux : un bocal à couvercle vissé lavé) et assaisonner jusqu'à ce que vous soyez satisfait. La vinaigrette doit avoir un goût aigre-doux.
5. Soyez généreux avec le vinaigre de framboise. Vous pouvez également affiner le tout avec des herbes à salade fraîches (ou en sachet).
6. Mélangez bien la salade et ajoutez enfin les blancs de poulet en dés encore chauds.

ROULEAUX DE BROWNIE.

INGRÉDIENTS POUR 1 PORTION.

Pour la pâte:

- ✓ 400 g de farine
- ✓ 1 paquet de levure (levure sèche)
- ✓ 50 g de sucre
- ✓ 200 ml de lait
- ✓ 50 g de beurre
- ✓ 1 cuillère à café de sel.

Pour la garniture:

- ✓ 75 g de beurre
- ✓ 50 g de sucre en poudre
- ✓ 75 ml de lait
- ✓ 150 g de chocolat, doux-amer
- ✓ 3 cuillères à soupe de cacao en poudre
- ✓ 75 g Noix, hachées ou amandes
- ✓ Éventuellement du chocolat.

PRÉPARATION

Temps total environ 40 minutes.

1. Pour la pâte, tamisez la farine dans un bol. Mélangez avec la levure et le sucre.
2. Ajoutez le reste des ingrédients et pétrissez le tout avec le crochet pétrisseur jusqu'à obtenir une pâte lisse qui ne devrait plus coller ! Couvrez et laissez lever dans un endroit chaud pendant environ 1 heure.
3. Pendant ce temps, pour la garniture, portez le sucre glace et le beurre à ébullition, en remuant de temps en temps, et déglacez avec le lait. Incorporez le chocolat et laissez-le fondre en remuant constamment. Enfin, incorporez 3-4 cuillères à soupe de cacao selon votre goût.
4. Versez dans un petit bol ou une tasse et laissez refroidir.
5. Supposons que ce procédé, qui ne produit qu'un certain goût de caramel, prenne trop de temps. Dans ce cas, vous pouvez simplement faire fondre le chocolat et incorporer les autres ingrédients, de préférence en commençant par le beurre et en terminant par le lait.
6. Graissez un moule à charnière de 26 cm.
7. Abaissez la pâte bien levée sur un plan de travail fariné en un rectangle de 3-4 mm d'épaisseur. Étaler la crème au chocolat et saupoudrer de la moitié des noix.
8. Roulez la pâte. La couper en tranches.
9. Placez les tranches côte à côte dans le plat préparé, aplatissez-les légèrement pour qu'elles se touchent, et saupoudrez avec le reste des noix. Couvrir et laisser lever à nouveau pendant environ 20 minutes.
10. Pendant ce temps, préchauffez le four à 180 °C en haut/bas.
11. Faites cuire dans le four préchauffé pendant environ 25-30 minutes.
12. Si vous le souhaitez, vous pouvez saupoudrer les rouleaux de chocolat.

TARTE AUX MYRTILLES.

INGRÉDIENTS POUR 1 PORTION.

Pour la pâte:

- 375 g de farine
- 200 g de margarine
- 1 pincée de sel
- 1 œuf
- 6 cuillères à soupe d'eau glacée.

Pour la garniture:

- 1 tasse de sucre
- 5 cuillères à soupe d'amidon alimentaire
- 1 pincée de sel
- 1 cuillère à café de cannelle
- 700 g de myrtilles
- 2 cuillères à soupe de beurre.

PRÉPARATION

Temps total environ 1 heure 20 minutes.

1. Pour la double pâte à tarte, écrasez d'abord la farine, la margarine et le sel avec une fourchette jusqu'à obtenir une masse finement émiettée. Mélangez l'œuf et l'eau glacée, incorporez rapidement à la pâte avec une fourchette, puis mélangez brièvement à la main. Diviser en 2 parties (1 partie pour la base, 1 partie pour le dessus de la tarte) et réfrigérer.
2. Pendant ce temps, pour la garniture, mélangez le sucre, la fécule de maïs, le sel et la cannelle et incorporez-les aux baies.
3. Etaler la pâte, tapisser un moule à charnière avec la première moitié et verser la garniture. Placez ensuite le couvercle sur la tarte. La tarte est cuite dans la partie inférieure du four à 200°C pendant environ 50 minutes jusqu'à ce qu'elle soit dorée.
4. Elle a meilleur goût à la sortie du four. Grâce à la fécule de maïs, la garniture ne coule pas.

CASSEROLE POUR PETIT-DÉJEUNER.

INGRÉDIENTS POUR 8 PORTIONS.

- ✓ 8 tranche de pain blanc
- ✓ 2 pts de jambon (jambon cuit)
- ✓ 8 œufs
- ✓ 1 pt de fromage râpé
- ✓ Sel et poivre
- ✓ 250 ml de lait
- ✓ 250 ml de crème
- ✓ Graisse pour la forme.

PRÉPARATION

Temps total environ 8 heures 25 minutes.

1. Coupez le pain blanc et le jambon cuit en cubes. Mélangez le lait et la crème et fouettez-les avec les œufs. Assaisonnez avec du sel, du poivre et incorporez le fromage râpé.
2. Graissez un plat à gratin, versez le pain mélangé au jambon, versez la préparation aux œufs et mélangez bien. Laisser au réfrigérateur toute la nuit.
3. Faites cuire le lendemain matin à 175 degrés pendant 30-40 minutes.

GÂTEAU AU FROMAGE AU CITRON ET À LA NOIX DE COCO.

INGRÉDIENTS POUR 1 PORTION.

- ✓ 780 g de fromage double crème, à température ambiante
- ✓ 230 g de sucre
- ✓ 3½ cuillères à soupe d'amidon alimentaire
- ✓ 1½ cuillère à soupe d'extrait de vanille
- ✓ 3 œufs
- ✓ 185 ml de crème.

Pour la base de biscuits:

- ✓ 70 g de farine
- ✓ 2 cuillères à café de levure chimique
- ✓ 1 pincée de sel
- ✓ 5 œufs, séparés
- ✓ 100 g de sucre
- ✓ 1½ cuillère à café d'extrait de vanille
- ✓ ½ cuillère à café d'arôme de citron
- ✓ 3½ cuillères à soupe de beurre
- ✓ ½ cuillère à café de Weinstein.

Pour la crème:

- ✓ 5 jaunes d'oeufs
- ✓ 150 g de sucre
- ✓ 60 g d'amidon alimentaire
- ✓ 1 pincée de sel
- ✓ 270 ml d'eau froide
- ✓ 2 cuillères à café de zeste de citron
- ✓ 70 ml de jus de citron
- ✓ 2½ cuillères à soupe de beurre
- ✓ 1½ cuillère à café d'extrait de vanille

- ✓ 1 cuillère à café d'arôme de citron
- ✓ Colorant alimentaire, jaune (facultatif)

Pour le glaçage:

- ✓ 1 litre de crème
- ✓ 4 paquets de raidisseur de crème
- ✓ 50 g de sucre
- ✓ 1½ cuillère à soupe d'extrait de vanille
- ✓ 4 paquets de gélatine fixe
- ✓ 300 g de noix de coco râpée.

PRÉPARATION

Temps total environ 7 heures 30 minutes.

1. Graisser un moule de 26 pouces et le recouvrir entièrement de papier d'aluminium pour qu'il soit hermétique.

Gâteau au fromage:

2. Dans un grand bol, battez 1/3 du fromage frais et 1/3 du sucre avec la maïzena jusqu'à ce que le mélange soit crémeux, environ 3 minutes. Incorporer le reste du fromage frais en deux temps. Incorporer ensuite le reste du sucre et l'extrait de vanille. Incorporer les œufs un par un et enfin la crème (lorsqu'elle est liquide).
3. Versez le mélange dans le moule à charnière. Placez-le dans un bain-marie. L'eau doit avoir une hauteur d'environ 2 cm (vous pouvez utiliser une plaque de cuisson profonde pour cela). Ajoutez l'eau qui s'est évaporée pendant la cuisson.
4. Faites cuire le cheesecake à 175°C pendant environ 75 minutes jusqu'à ce que les côtés soient dorés. Laissez ensuite refroidir pendant 2 heures, en évitant si possible de bouger, puis placez le gâteau au réfrigérateur pendant au moins 4 heures.

Gâteau éponge:

5. Graissez un moule de 26 cm et recouvrez le fond de papier sulfurisé.
6. Dans un bol, mélangez la farine, la levure chimique et le sel. Dans un autre bol, battez les jaunes d'œufs avec un batteur électrique pendant 3 minutes. Incorporer les 2/3 du sucre et continuer à mélanger jusqu'à ce que le mélange devienne épais et jaune clair, environ 5min. Incorporer maintenant l'extrait de vanille et l'arôme de citron. Tamiser le mélange de farine sur la préparation et l'incorporer délicatement. Incorporer ensuite le beurre fondu.
7. Battre les blancs d'oeufs en neige avec la crème de tartre, en ajoutant le reste du sucre. Incorporer d'abord 1/3 du blanc d'œuf en neige à la pâte, puis incorporer le blanc d'œuf restant. Faites cuire la pâte à 175°C jusqu'à ce qu'elle soit dorée, environ 16-18min. Laissez ensuite refroidir pendant 15 minutes, puis démoulez et laissez refroidir pendant 2 heures supplémentaires ; couvrez ensuite avec du film alimentaire et placez au réfrigérateur jusqu'à ce que vous soyez prêt à l'utiliser.

Crème au citron:

8. Battre les jaunes d'œufs à haute intensité pendant environ 5 minutes jusqu'à ce qu'ils soient épais et dorés.
9. Mélanger le sucre, la fécule de maïs et le sel dans une casserole. Incorporer progressivement l'eau jusqu'à obtenir une pâte lisse. Laisser mijoter à feu moyen ; remuer constamment. Portez le tout à ébullition jusqu'à ce que le mélange épaississe. Puis retirez immédiatement de la cuisinière. Incorporez délicatement environ 1 tasse de ce mélange aux jaunes d'œufs. Remettez ensuite le tout dans la casserole. Chauffez légèrement - juste assez pour faire bouillonner la masse. Retirer de la cuisinière ; Incorporer le zeste de citron, le jus de citron, le beurre, l'extrait de vanille, l'arôme de citron et le colorant alimentaire. Placez dans un bol, placez une pellicule plastique directement sur le mélange, afin qu'une peau ne se forme pas. Placez au réfrigérateur pendant au moins 45 minutes jusqu'à ce que le mélange soit froid. Veillez à conserver 2 cuillères à soupe pour décorer ultérieurement la surface du gâteau!

Glaçage:

10. Fouettez la crème jusqu'à ce qu'elle soit ferme. En même temps, ajoutez le sucre et l'extrait de vanille. Incorporez ensuite la gélatine en suivant les instructions du paquet ! Réservez 2 tasses de crème pour décorer le dessus du gâteau plus tard. Le gâteau sera ensuite recouvert du reste. Mettez le tout au réfrigérateur.

Achèvement:

11. Pour terminer le gâteau au fromage, tous les ingrédients doivent être aussi froids que possible.
12. Placez la génoise sur une assiette à gâteau. Étalez une fine couche de glaçage. Saupoudrez environ 100 g de noix de coco râpée sur le dessus et parsemez de la moitié de la crème au citron. Maintenant, placez délicatement le cheesecake sur le dessus. Vous devez faire attention à ne pas le casser. Si vous voulez être sûr, congelez le cheesecake avant cette étape pour qu'il soit suffisamment dur pour ne pas se défaire. Le cheesecake est également recouvert d'un peu de glaçage, saupoudré de 100 g de noix de coco râpée, puis saupoudré du reste de la crème au citron (gardez 2 cuillères à soupe pour une décoration ultérieure !).
13. Le gâteau est ensuite entièrement recouvert (surface et bord) du glaçage. Décorez les bords et le dessus du gâteau avec les flocons de noix de coco restants.
14. Avec le glaçage que vous avez gardé pour décorer le dessus du gâteau, vous pouvez maintenant former des rosettes avec une poche à douille, par exemple, un anneau de rosette sur le bord extérieur de la surface du gâteau et un anneau de rosette au milieu de la surface du gâteau. Au milieu, vous mettez les 2 cuillères à soupe de la crème au citron réservée.
15. Placez le gâteau au réfrigérateur jusqu'au moment de le déguster!

GÂTEAU AU CHOCOLAT ET AUX COURGETTES.

INGRÉDIENTS POUR 1 PORTION.

- ✓ 2 tasse de courgettes, râpées
- ✓ ½ tasse d'huile
- ✓ 1 ½ tasse de sucre
- ✓ 2 cuillères à café de sucre vanillé
- ✓ 3 œufs
- ✓ 2 ½ tasse de farine
- ✓ ½ tasse de cacao en poudre, lait entier
- ✓ ¼ tasse de cacao en poudre, doux-amer
- ✓ 1 paquet de poudre à pâte
- ✓ 1 cuillère à café de cannelle
- ✓ 1 cuillère à café de sel
- ✓ ½ tasse de babeurre, alternativement : lait avec 1 cuillère à soupe de jus de citron
- ✓ 1 paquet de glaçage pour gâteau (chocolat)
- ✓ Éventuellement, noix moulues ou flocons de noix de coco.

PRÉPARATION

Temps total environ 15 minutes.

1. La quantité pour 1 plateau (1 grande tasse, environ 200 ml)
2. Le montant pour 1 boîte (1 petite tasse, environ 100 ml, moins 1 œuf)
3. Lavez et râpez finement les courgettes.
4. Mélanger au fouet l'huile, le sucre, le sucre vanillé et les œufs. Mélanger la farine, les deux sortes de cacao (une seule sorte est également possible), la levure chimique, la cannelle et le sel, tamiser et incorporer lentement, en alternant avec le lait. Enfin, incorporez les courgettes.
5. Faites cuire au four à 200°C. Faites cuire pendant environ 50 minutes. Le gâteau est prêt lorsque la surface " saute " encore un peu lorsque vous appuyez légèrement dessus avec votre doigt. (Test des baguettes !)
6. Le gâteau est meilleur avec un glaçage au chocolat.
7. Selon votre goût, vous pouvez également ajouter jusqu'à une demi-tasse de noix moulues ou de flocons de noix de coco.

JAMBALAYA AUX CREVETTES ET AU POULET.

INGRÉDIENTS POUR 4 PORTIONS.

- ✓ 200 g de poitrine de poulet
- ✓ 2 oignons
- ✓ 1 gousse d'ail
- ✓ 1 Poivre rouge
- ✓ 1 céleri
- ✓ 3 cuillères à soupe d'huile
- ✓ Sel et poivre
- ✓ ½ cuillère à café de thym
- ✓ 1 goutte de Tabasco
- ✓ 1 pincée de noix de muscade
- ✓ 600 ml de bouillon de volaille
- ✓ 300 g de riz long grain
- ✓ ½ bouquet de persil, haché
- ✓ 250 g de crevettes surgelées, cuites, décongelées.

PRÉPARATION

Temps total environ 30 minutes.

1. Découpez le blanc de poulet en dés. Pelez et hachez finement les oignons et l'ail. Nettoyer les poivrons et le céleri, puis les couper en dés.
2. Faites chauffer l'huile dans une grande poêle. Faites revenir le blanc de poulet avec les oignons et l'ail jusqu'à ce que tout prenne de la couleur. Ajouter le paprika et le céleri et faire sauter pendant 3 minutes. Incorporez les épices et le bouillon de poulet et portez à ébullition. Ajoutez ensuite le riz et faites cuire à couvert pendant environ 25 minutes jusqu'à ce que le liquide soit absorbé - assaisonnez selon votre goût avec du sel, du poivre, de la noix de muscade et du Tabasco.
3. Enfin, ajoutez les crevettes et laissez-les chauffer.

REDFISH.

INGRÉDIENTS POUR 4 PORTIONS.

- ✓ 4 filets de sébaste
- ✓ 2 échalotes
- ✓ 1 poivron rouge
- ✓ 1 poivron jaune
- ✓ 1 poivron vert
- ✓ 1 grosse courgette
- ✓ 100 g d'olives noires sans noyau
- ✓ Sel et poivre
- ✓ Basilic et persil séchés
- ✓ Jus de citron.

PRÉPARATION

Temps total environ 15 minutes.

1. Assaisonnez bien les filets de poisson des deux côtés avec du sel et du poivre et arrosez-les de jus de citron.
2. Peler les échalotes, les hacher finement et les faire revenir dans un peu d'huile d'olive jusqu'à ce qu'elles deviennent translucides.
3. Pendant ce temps, couper les poivrons en dés et les courgettes en fines tranches.
4. Ajouter les poivrons et les courgettes aux échalotes et les faire sauter.
5. Ajouter les olives et un peu de jus de citron, assaisonner avec le basilic, le persil, le sel et le poivre.
6. Placez les filets de poisson dans un plat à gratin et répartissez les légumes dessus. Arroser à nouveau avec un peu de jus de citron.
7. Faire cuire au four à 200°C pendant environ 25 minutes.

SALADE DE DINDE CAJUN ÉPICÉE.

INGRÉDIENTS POUR 4 PORTIONS.

- ✓ 6 Filet de poitrine de dinde, désossé
- ✓ 3 cuillères à soupe d'huile (huile de colza ou de tournesol)
- ✓ Poivre blanc et noir, fraîchement moulu
- ✓ Piment en poudre
- ✓ Origan
- ✓ 1 bouquet d'aneth, frais
- ✓ 1 botte d'oignons nouveaux
- ✓ 2 cuillères à soupe de poudre de paprika (Pul Biber, paprika chaud séché et écrasé)
- ✓ 1 gousse d'ail, pressée
- ✓ Vinaigre, plus doux
- ✓ Huile d'olive
- ✓ Sel et poivre fraîchement moulu
- ✓ Sucre
- ✓ Thym
- ✓ Oignon séché, finement moulu
- ✓ Miel ou liquide. Édulcorant.

PRÉPARATION

Temps total environ 30 minutes.

1. Mélangez l'huile de colza ou de tournesol avec les épices dans un bol, retournez-y les filets de dinde et saisissez-les de tous les côtés dans une poêle, puis réduisez la température et laissez cuire les filets pendant 5 minutes en les retournant une fois - ils doivent être encore très légers lorsqu'on exerce une pression pour qu'ils cèdent, mais déjà bien cuits. Enfin, saler la poêle, retirer et laisser refroidir légèrement.
2. Nettoyer les oignons de printemps, couper les parties vertes en fines rondelles, rincer l'aneth, mais ne pas le couper trop finement, mélanger les deux avec le Pul Biber, la gousse d'ail pressée, et le vinaigre/l'huile pour former une marinade. Assaisonnez avec du sel (et un peu, il est vrai) de poivre, assaisonnez avec du sucre, du miel, ou un édulcorant au goût très piquant.
3. Coupez les filets légèrement refroidis en tranches de 5 mm d'épaisseur avec un couteau bien aiguisé et ajoutez-les à la marinade.
4. Cette salade peut être servie tiède, froide, ou laissée à tremper toute la nuit, bien qu'elle puisse avoir besoin d'un peu plus de sel après un trempage prolongé.
5. Elle est meilleure avec du pain beurré.

MUFFINS AU NUTELLA.

INGRÉDIENTS POUR 18 PORTIONS.

- ✓ 2 tasses de farine
- ✓ 1 tasse de sucre
- ✓ 1 tasse de babeurre
- ✓ ½ tasse d'huile
- ✓ 1 pt de sucre vanillé
- ✓ ½ point de levure chimique
- ✓ 1 œuf
- ✓ ½ cuillère à café de bicarbonate de soude
- ✓ 5 cuillères à soupe de compote de pommes
- ✓ 6 c. à soupe de Nutella
- ✓ Éventuellement des paillettes de chocolat.

PRÉPARATION

Temps total environ 10 minutes.

1. Placez tous les ingrédients dans un bol. Remuez bien les ingrédients pendant 5 minutes. Versez dans un moule à muffins graissé (ou tapissé de moules) et faites cuire dans un four préchauffé à feu moyen pendant environ 20 minutes.
2. Donne 12 à 18 selon la taille du moule à muffins.

DESSERT À LA FRAISE AVEC MILKMAID.

INGRÉDIENTS POUR 1 PORTION.

- ✓ 500 g de fraises
- ✓ 2 tubes de lait condensé sucré (milkmaid)
- ✓ 4 cuillères à soupe de confiture de fraises
- ✓ 600 g de fromage frais
- ✓ 500 g de biscuits, (biscuits au chocolat)

PRÉPARATION

Temps total environ 15 minutes.

1. Fouetter ensemble le lait condensé, le fromage frais et la confiture jusqu'à ce que le mélange soit lisse.
2. Écraser les biscuits aux pépites de chocolat en miettes et les répartir uniformément au fond d'un bol à dessert.
3. Répartir uniformément le mélange sucré sur les miettes de biscuits.
4. Le tout est maintenant recouvert de fraises lavées et coupées en deux.
5. Si le tout a été mis à tremper pendant quelques heures, le goût est encore meilleur.

SALADE D'ÉPINARDS AVEC POIRE ET FROMAGE BLEU.

INGRÉDIENTS POUR 4 PORTIONS.

- ✓ 4 tasse de feuilles d'épinards, lavées et déchirées en petits morceaux
- ✓ 2 poires, évidées et coupées en quartiers
- ✓ 2 cuillères à soupe de vinaigre balsamique
- ✓ 3 cuillères à soupe d'huile d'olive
- ✓ 3 cuillères à soupe de jus d'orange
- ✓ Sel
- ✓ 1 gousse d'ail
- ✓ 4 c. à soupe de fromage bleu, émietté
- ✓ 4 c. à soupe de noix hachées et grillées.

PRÉPARATION

Temps total environ 20 minutes.

Préparez une vinaigrette avec du vinaigre balsamique, de l'huile, du jus d'orange, de l'ail et du sel. Mélanger avec les épinards. Placez les épinards sur 4 assiettes et disposez les tranches de poire sur le dessus. Répartissez le fromage et les noix sur le dessus.

Livres de recettes campagnardes de Michelle Lee

- Livre de recettes méditerranéennes
- Livre de recettes végétariennes
- Livre de recettes allemandes
- Livre de recettes italiennes
- Recettes de smoothie faciles
- Livre de recettes espagnoles
- Livre de recettes russes
- Livre de recettes indiennes
- Livre de recettes mexicaines
- Livre de recettes philippines
- Livre de recettes françaises
- Livre de recettes grecques
- Livre de recettes coréennes
- Livre de recettes de Ramen.
- Livre de recettes italien 2
- Livre de recettes chinoises
- Asiatique livre de recettes.
- Livre de recettes portugaises
- Livre de recettes turques
- Livre de recettes polonais.
- Livre de recettes cajun
- Livre de recettes irlandaises
- Recettes japonaises pour vous et votre famille
- Recettes du Moyen-Orient pour vous et votre famille
- Recettes marocaines pour vous et votre famille
- Recettes vietnamiennes pour vous et votre famille.
- Recettes libanaises pour vous et votre famille
- Recettes thaïlandaises pour vous et votre famille
- Recettes des Caraïbes pour vous et votre famille.
- Recettes péruviennes pour vous et votre famille
- Recettes hongroises pour vous et votre famille
- Recettes scandinaves pour vous et votre famille.
- Recettes africaines pour vous et votre famille
- Recettes canadiennes pour vous et votre famille
- Recettes d'Amérique centrale pour vous et votre famille
- Recettes d'Amérique du Sud pour vous et votre famille
- Recettes écossaises pour vous et votre famille
- Recettes européennes pour vous et votre famille.

Livres de recettes de vacances de Michelle Lee

- Livres de cuisine de Thanksgiving
- Hanukkah Livre de recettes.
- Livre de recettes pour les fêtes de fin d'année.
- Biscuits de vacances
- Gâteaux de vacances
- Party Food Cookbook
- Livre de recettes pour les fêtes
- Livre de recettes de desserts pour les fêtes
- Livre de recettes de Kwanza
- Jour de l'an Livre de recettes.
- Janvier Livre de recettes.
- Bowl rapide et facile livre de recettes.
- Super Bowl Day livre de recettes.
- Lohri livre de recettes.
- Nouvel an chinois livre de recettes
- Livre de recettes de la Saint-Valentin.
- Recettes de chocolat à partager avec vos proches.
- Recettes de la Saint-Patrick pour tous.
- Recettes de Mardi Gras et de Mardi gras
- Livre de recettes du mercredi des cendres pour le carême.
- Recettes du dimanche des Rameaux pour tous

++++++++++++++++++++++++

Autres livres de recettes de Michelle Lee

- Livre de recettes axé sur les haricots
- Livre de recettes pour un cœur sain
- Livre de recettes centré sur les fibres.
- Chou-fleur livre de recettes axé sur le chou-fleur.
- Un chili pour toutes les occasions.
- Recettes de pizza pour vous et votre famille
- Des déjeuners quotidiens sains.
- Quelque chose sur un bâton Livre de recettes.
- 60 recettes uniques et savoureuses de gâteau quatre-quarts.

Série Maison et jardinage par Michelle Lee

- Jardinage de légumes pour les débutants
- Jardinage de fleurs pour les débutants
- Jardinage d'herbes aromatiques pour les débutants
- Jardinage en conteneurs pour débutants
- Jardinage en bacs surélevés pour débutants
- Jardinage vertical pour débutants
- Jardinage sur toit pour débutants
- Herbes médicinales pour débutants
- Serre pour débutants
- Jardinage aquaponique pour débutants
- Jardinage hydroponique pour débutants
- Apiculture pour débutants
- Jardinage des roses pour débutants
- Feng Shui pour la maison pour débutants
- Aménagement paysager pour débutants
- Papillons et abeilles au jardinage pour débutants
- Jardinage d'intérieur pour débutants
- Jardinage biologique pour débutants.

Printed by Amazon Italia Logistica S.r.l.
Torrazza Piemonte (TO), Italy